BEI GRIN MACHT SICH IHR WISSEN BEZAHLT

AF143999

- Wir veröffentlichen Ihre Hausarbeit, Bachelor- und Masterarbeit

- Ihr eigenes eBook und Buch - weltweit in allen wichtigen Shops

- Verdienen Sie an jedem Verkauf

Jetzt bei www.GRIN.com hochladen und kostenlos publizieren

Projektmanagement in der Praxis. Beispiel der Eröffnung eines Fitnessstudios

Thomas Janzen

Bibliografische Information der Deutschen Nationalbibliothek:

Die Deutsche Nationalbibliothek verzeichnet diese Publikation in der Deutschen Nationalbibliografie; detaillierte bibliografische Daten sind im Internet über http://dnb.d-nb.de abrufbar.

ISBN: 9783346388278
Dieses Buch ist auch als E-Book erhältlich.

© GRIN Publishing GmbH
Nymphenburger Straße 86
80636 München

Druck und Bindung: Books on Demand GmbH, Norderstedt Germany
Gedruckt auf säurefreiem Papier aus verantwortungsvollen Quellen

Das vorliegende Werk wurde sorgfältig erarbeitet. Dennoch übernehmen Autoren und Verlag für die Richtigkeit von Angaben, Hinweisen, Links und Ratschlägen sowie eventuelle Druckfehler keine Haftung.

Das Buch bei GRIN: https://www.grin.com/document/1006038

Projektarbeit

Herr
Thomas Janzen

**Projektmanagement –
Eröffnungsfeier eines neuen
Fitnessstudios**

Mannheim, 2017

Bibliografische Beschreibung:

Name, Vorname: Janzen, Thomas

Projektmanagement – Eröffnungsfeier eines neuen Fitnessstudios

10 Seiten, Hochschule Mittweida, Business Management, 2016

Abstract

Die Projektarbeit thematisiert zunächst das Thema Projektmanagement im Allgemeinen. Dabei wird der Begriff „Projektmanagement" zunächst definiert. Danach werden die einzelnen Phasen des Projektmanagements thematisiert. Dabei werden Inhalte und der Zweck der Phasen erklärt. Anschließend wird anhand der Phasen das eigene Fallbeispiel dargestellt und die Herangehensweise erklärt.

Inhaltsverzeichnis

Abbildungsverzeichnis

1 Definition Projektmanagement

Das Wort Projektmanagement setzt sich aus den zwei Worten „Projekt" und „Management" zusammen. Unter dem Wort „Projekt" versteht man im Rahmen der DIN - Norm ein „Vorhaben, das im Wesentlichen durch die Einmaligkeit der Bedingungen in ihrer Gesamtheit gekennzeichnet ist, wie z.b. Zielvorgabe, zeitliche, finanzielle, personelle oder andere Begrenzungen" (vgl. DIN 69901-5, 2009). Weitere wissenschaftliche Publikationen fügen noch die Komplexität als weitere Eigenschaft eines Projektes hinzu, denn die Projekte lassen sich in zahlreiche Teilprojekte einteilen, die aufeinander abgestimmt werden müssen. Damit geht ein hoher Schwierigkeitsgrad bei der Planung einher (vgl. Bea / Scheurer / Hesselmann 2011, S.32ff.).

Das Wort „Management" leitet sich aus den lateinischen Worten „manus" und „agere" ab, was übersetzt „an der Hand nehmen, um zu führen" heißt. Letztendlich ist unter „Management" eine Führungsaufgabe zu verstehen.

Folglich versteht man unter Projektmanagement die Planung, Führung eines durch verschiedene Indikatoren und Kriterien gekennzeichnetes, wie z.B. Personal, Zeit, Kosten, Sachziel, Komplexität, Vorhabens (vgl. Definition Projektmanagement).

2 Vorgehensweise bei der Umsetzung von Projekten

2.1 Projektstart

Der Projektstart bildet die Basis für die Vorbereitung des Projektes. Er umfasst die Vorbereitung des Projektes bis zum offiziellen Start. Hier werden die Projektinhalte, sowie Methoden, die das Projekt begleiten, bestimmt. Daraus lässt sich schlussfolgern, dass der Projektstart ein wichtiger Erfolgsfaktor für das Gelingen des Projektes ist. Die Projektvorbereitung kann daher auch länger dauern als die Durchführung des Projektes.

Aufgaben der Projektvorbereitung ist die Erstellung und anschließende Erteilung eines Projektauftrags. Hierbei ist zu klären, inwiefern das Projekt mit der Unternehmensstrategie kongruent ist, sowie was die Projektziele und Projektleistungen sind. Hierbei sollten auch bestimmte Parameter als Messgrößen zur Bewertung des Projektes festgelegt werden. Weitere Punkte, die ein Projektauftrag beinhalten sollte ist z. B. eine erste grobe Schätzung des Budgets, die Festlegung der Projektleitung und des Projektteams, erste Meilensteine, sowie die Kriterien, wann die Leistung offiziell erbracht worden sind und das Projekt offiziell abgeschlossen werden kann. Des Weiteren beinhaltet die Projektvorbereitung eine erste Umfeldanalyse. Wichtige Stakeholder und mögliche Risiken müssen erfasst werden und gegebenenfalls muss aufgrund dieser ein Alternativplan ausgearbeitet werden. Ebenso ist die Planung der Organisation und Führung des Projektes Thema der Projektvorbereitung. Gehören Auftraggeber und Auftragnehmer nicht dem selben Unternehmen an, werden auch hierbei die Verträge zwischen den beiden Parteien ausgehandelt. Das Ausmaß der Projektvorbereitung hängt maßgeblich mit der Entstehung der Projektentscheidung zusammen. So wurde womöglich bereits im Vorfeld eine Machbarkeitsanalyse durchgeführt (vgl. Bea / Scheurer / Hesselmann 2011 S.95f.).

In der Regel finden sogenannte Kick-Off-Meetings statt, bei denen Auftraggeber, Projektteam und ein Vertreter des Projektmanagementoffices teilnehmen, um das Projekt offiziell zu starten.

2.2 Projektplanung

Die Projektplanung präzisiert die Inhalte der ersten Phase. Sie stellt „einen systematischen Prozess der Analyse und Strukturierung des Projektes dar" (Bea / Scheurer / Hesselmann 2011, S.129). Diese Phase dient der Vereinfachung des Projektes. Das gesamte Projekt als großer Komplex wird auf kleinere vereinfachte Teilprojekte, Arbeitspakete und Vorgänge heruntergebrochen. Dies hat den Zweck Unsicherheiten zu minimieren, da diese Methodik eine klare Aufgabenzuteilung zulässt und dem Projektteam eine klare Struktur zur Umsetzung des Projektes bieten. Dadurch wird gleichzeitig die Effizienz maximiert. Diese vereinfachte Form des Projektes verhilft dem Projektteam die Projektziele und Projektleistungen genauer zu verstehen, wodurch die Anforderungen des Auftraggebers besser erfasst werden. Außerdem ist es dadurch auch einfacher den Projektablauf zu dokumentieren und kontrollieren, da man kleinere Arbeitspakete und Vorgänge betrachtet, die leicht zu beobachten sind.

Somit hängt die Qualität der Projektplanung sehr eng mit dem Erreichungsgrad der Kosten- und Zeitvorgaben und dem Sachziel zusammen.

Als Basis wird oft der Projektstrukturplan als Methode verwendet. Damit wird das komplexe Gesamtprojekt auf handhabbare Teilprojekte, Arbeitspakete und Vorgänge zerstückelt und die genaue Aufgabenstellung wird dargestellt. Im nächsten Schritt wird der Arbeitsaufwand und die Dauer festgelegt, die mit dem jeweiligen Arbeitspaket zusammenhängt. Danach erfolgt die Ablaufplanung, womit die einzelnen Aufgaben in eine logische Reihenfolge eingeordnet werden. Hier wird oftmals deutlich, welche Aufgaben zu erledigen sind, um mit folgenden Aufgaben beginnen zu können. Auf Basis dieser drei Schritte können nun Termine festgelegt werden, an denen die jeweiligen Teilprojekte oder Arbeitspakete abgeschlossen werden. Danach werden die für die Arbeitspakete notwendigen Ressourcen betrachtet. Hierbei ist zu beachten, welches Arbeitspaket welche Ressourcen beansprucht, denn die parallele Ausführung von Arbeitspaketen kann gefährdet werden, mehrere Arbeitspaket dieselbe Ressource benötigen. Nachdem nun Arbeitsaufwand, Ressourcen etc. geplant wurden, können im letzten Schritt die Kosten für die Arbeitspakete genau geschätzt werden. Letztendlich kann man durch deren Addition die Kosten für das gesamte Projekt bestimmen (vgl. Bea / Scheurer / Hesselmann 2011, S.137).

2.3 Projektumsetzung

Bei der Projektumsetzung werden die erarbeiteten Pläne zur strukturierten Erarbeitung der gewünschten Ergebnisse verwendet. In dieser Phase findet ein Soll-Ist-Vergleich statt. Auf Basis der Ist-Situation können auch zukünftige Werte abgeschätzt werden, die sich im besten Falle mit den Soll-Werten decken. Werden Abweichungen ermittelt, sollte man diese sofort analysieren. Anschließend kann man sich überlegen, ob man diese mit geeigneten Gegenmaßnahmen korrigiert oder die Abweichung mit in die Projektplanung aufnimmt. Bei schwerwiegenden Abweichungen sollte man sich auch mit einem möglichen Projektabbruch befassen (vgl. Bea / Scheurer / Hesselmann 2011, S.243)

Maßgeblich für eine effiziente Projektumsetzung ist der Faktor Kommunikation. Informationen, die relevant für das Projekt sind, sollten stets an das Projektteam, aber auch an die

Stakeholder weitergetragen werden. Dies führt zu einem besseren Umgang mit Änderungen, die beispielsweise durch Fehlkalkulationen, Problemen oder Änderungen der Rahmenbedingungen entstanden sind. Dies fördert die Effizienz des Projektes, denn dadurch können gegebenenfalls rechtzeitig Korrektur- und Optimierungsmaßnahmen ergriffen werden (vgl. Bea / Scheurer / Hesselmann 2011, S.243f.)

2.4 Projektabschluss

Der Projektabschluss stellt das im Projektauftrag definierte Ende des Projektes dar. Ein systematischer Abschluss eines Projektes ist wichtig, denn er ermöglicht allen Beteiligten ein emotionales und inhaltliches Abschließen mit dem Projekt. Dem Projektteam sollte Anerkennung für ihr Engagement ausgesprochen werden, um sie so motivierend und positiv auf folgende Projekte einzustimmen. Außerdem sieht ein ordnungsgemäßer Projektabschluss eine Reflexion des gesamten Projektes vor. Aus dieser Reflexion werden positive und negative Erkenntnisse dokumentiert, wodurch das Projektteam an Erfahrung gewinnt und folgende Projekte effizienter gestalten kann (vgl. Bea / Scheurer / Hesselmann 2011, S.311)

Weitere Elemente des Projektabschlusses ist die Abnahme der Projektergebnisse, die Projektauswertung, eine interne und externe Beurteilung des Projektes, die Abschlussgespräche mit den wichtigsten Stakeholdern und die Fertigstellung des Projektabschlussberichtes.

3 Fallbeispiel – Eröffnungsevent eines Fitnessstudios

3.1 Grobplanung

Wir sind die Fitnessstudiokette BeFit. Das Unternehmen bietet seinen Kunden mit individuellen Muskelaufbau-, Fettabbau-, Ernährungsplänen einen besonders hohen Grad an Kundenzuwendung, was zugleich seine strategische Ausrichtung und Unique Selling Proposition darstellt. Unser Unternehmen ist bereits im Saarland und in Rheinland – Pfalz mit 25 Studios vertreten und möchte den badischen Markt erschließen. Dazu hat die Unternehmensführung eine passende Räumlichkeit in Mannheim mit ausreichend Parkmöglichkeiten und guter Straßenbahnverbindung gefunden, diese gemietet und die Einrichtung mit Fitnessgeräten angeordnet. Gleichzeitig möchte sie das neue Studio mit einem Event eröffnen. Dafür hat sie ein unternehmensinternes Team zusammengestellt, das für die Planung und Durchführung des Events verantwortlich ist. Das Projektteam besteht aus einem Projektleiter und drei Mitarbeitern. Als weitere Risikofaktoren wurden die Behörden eingestuft, die die Durchführung des Events genehmigen müssen, da es sich hierbei um eine Abendveranstaltung handeln soll, dessen Programm um 17 Uhr beginnt und 22 Uhr endet. Außerdem besteht die Gefahr, dass die Einrichtung des Studios zu Eventbeginn nicht fertiggestellt ist. Zu den Leistungen, die unser Projektteam erbringen muss, zählt die Vermarktung des Events, das Einholen der Genehmigungen, die Organisation des Programms, die Eventdurchführung und die Nachbereitung des Studios nach Eventende. Das Unternehmen will dadurch an Bekanntheit gewinnen, für ein positives Image sorgen, einen Kundenstamm von 150 Mitgliedern und damit einen Marktanteil von 0,05% zur Studioeröffnung haben. Als Messgröße für das Ziel des Bekanntheitsaufbaus wurde vom Management 1500 Facebooklikes und Follower auf Instagram, sowie drei Artikel in Zeitungen festgelegt. Um das Image bewerten zu können, wurden hier Bewertungen im Social Media und die Art und Weise, wie in der Presse über BeFit berichtet wird, als Parameter festgelegt. Zu den wichtigsten internen Stakeholdern zählt das Management und die Studioleitung. Zu den wichtigsten externen Stakeholdern gehören Behörden, Teilnehmer und die Presse. Das Budget beträgt 27.000,- und wir erwarten 300 Besucher. Der offizielle Projektstart soll der 9. Januar sein und der Eventtermin ist der 16. März.

3.2 Feinplanung

Wir haben den Projektstrukturplan als Methode ausgewählt, um die Komplexität des Projektes zu reduzieren und dessen Vollständigkeit zu gewährleisten. Dabei haben wir das Projekt in Teilprojekte und Arbeitspakete eingeteilt (Siehe Abb.1). Die einzelnen Arbeitspakete wurden anschließend in Vorgänge aufgeteilt und Kosten- und Zeitaufwand wurde geschätzt. Ebenso wurde die Verantwortung für die Arbeitspakete unter dem Projektteam aufgeteilt. Auch das Ergebnis des Arbeitspaketes und der dazugehörenden Vorgänge wurde bestimmt, um zu wissen, welche Aufgaben das Arbeitspaket beinhaltet. Auch wurde hier bestimmt, welche Arbeitspakete vorher zu erledigen sind, um das nächste bearbeiten zu können. Beispielsweise war Mitarbeiter Janzen für das Catering zuständig, wofür 6 Arbeitstage und 7800,- an Kosten eingeschätzt wurde, davon 7500,- für die Nahrung und die Dienstleistung und 300,- Personalkosten. Zu den Vorgängen zählt z.b. der Vergleich zwischen mehreren Cateringfirmen und die Auswahl für einen Caterer. Ergebnis dieser Vorgänge ist das Einholen verschiedener Angebote und der Auftrag uns am 16. März mit der entsprechenden Verpflegung zu beliefern und das Buffet aufzubauen. Nach diesem Prinzip erfolgt die Durchführung aller Arbeitspakete. Anschließend erfolgt die Addition aller geschätzten Arbeitspaketkosten, was zu einer Summe von 23.750,- führt. Die restlichen 3250,- ist somit unsere Risikoreserve. Auch die Zeitdauer aller Vorbereitungsmaßnahmen wird bestimmt, damit das Datum bestimmt werden kann, an dem das Projekt gestartet muss, was in unserem Falle der 9. Januar war.

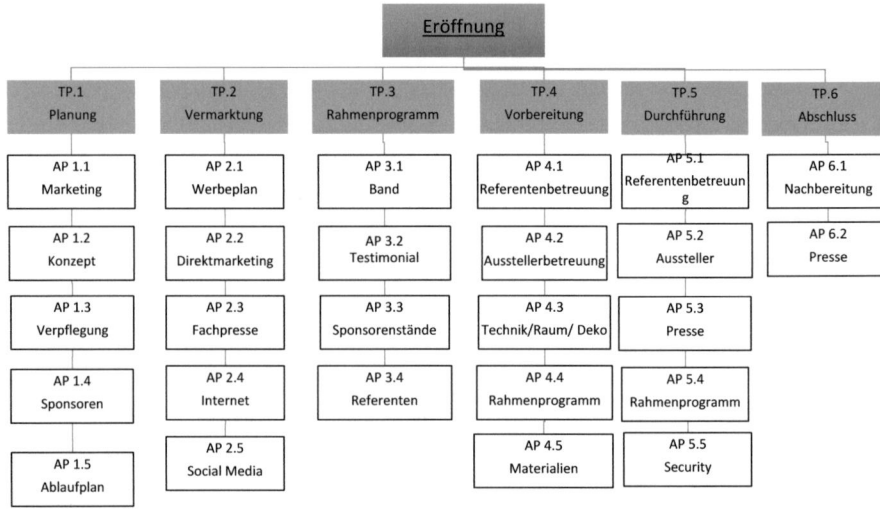

Abb.1 Projektstrukturplan (eigene Abbildung)

Anschließend haben wir mittels Netzplantechnik den kritischen Pfad und die Pufferzeiten bestimmt, die uns zur Verfügung stehen.

Danach haben wir eine genauere Risikoanalyse durchgeführt und Alternativpläne ausgearbeitet. Z.B wurden drei weitere Leute als Personalreserve ausgewählt, um z.b. im Krankheitsfall oder wenn zusätzliche Arbeiten anfallen, entsprechend reagieren zu können.

Um den Ansprüchen der Interessensgruppen gerecht zu werden, haben wir uns entschieden eine Stakeholderanalyse nach den Parametern Macht und Interesse durchgeführt. Dabei hat sich herausgestellt, dass der Auftraggeber, unser Management, der wichtigste Stakeholder ist, mit dem wir in engem Kontakt stehen müssen.

Als Meilensteine haben wir zum einen das Ende der Planung am 25. Januar, da auf ihr alle anderen Teilprojekte fußt. Hier beginnt auch die Marketingkampagne für das Event und läuft bis zum Projektende. Der nächste Meilenstein ist das Ende der Programmplanung am 10. Februar, da nun alle Vorbereitungsmaßnahmen für das Projekt ausgeführt werden können. Sind die Vorbereitungsarbeiten nach dem Zeitplan am 10. März erledigt, haben wir unseren nächsten Meilenstein erreicht. Nun kann die Durchführung beginnen. Unser letzter Meilenstein ist das Ende des Projektes am 17. März.

3.3 Ausführung und Kontrolle

Um das Projekt zu überwachen haben wir uns auf die Meilensteinliste als Tool fokussiert, um die Termineinhaltung zu gewährleisten. Sind wir in Zeitverzug geraten, haben wir augenblicklich unser Ersatzpersonal zur Unterstützung angefordert, um die verlorene Zeit wieder aufzuholen. Hauptverantwortlich für die Überwachung war der Projektleiter. Allerdings hat dieser auch an die Arbeitspaketverantwortlichen appelliert, ihr Arbeitspakete regelmäßig zu kontrollieren. Um die Erfüllung aller drei Zieldimensionen zu gewährleisten und die gute Qualität unseres Projektes sicherzustellen, haben wir wöchentlich den Ist – Zustand erfasst und bei gleichbleibender Entwicklung den zu erwartenden Soll – Wert ermittelt. Hierbei ist uns z.B. aufgefallen, dass wir im Bereich der Vermarktung mit den geplanten Maßnahmen nicht ausreichend Werbewirkung erzielen werden. Entsprechend wurde das Drucken von 2000 zusätzlichen Flyern als Gegenmaßnahme ergriffen.

Außerdem haben wir eine Überwachungsliste als Tool benutzt, um nochmals den zeitlichen Ablauf zu gewährleisten und den Grad der Fertigstellung verschiedener Arbeitsprojekte und zu erfassen.

3.4 Abschluss

Zu Beginn des Projektabschlusses wurde reflektiert wie wir uns organisiert haben, um das Projekt so effizient wie möglich auszuführen. Dabei wurde zwischen Projektaufbau und Projektablauf unterschieden. Zum Projektaufbau gehört das Projektteam, das aus einem Projektleiter und drei Mitarbeitern besteht. Zeitverluste durch Krankheit und Fehler wurde durch das Anfordern unseres Reservepersonals kompensiert. Dennoch kam es zu sehr langen Arbeitszeiten und Überstunden. Ist ein Problem aufgetreten, durfte sich der Arbeitspaketverantwortliche zunächst selbst um eine Lösung bemühen. Erwies sich das Problem allerdings als zu komplex, hatte Auswirkungen auf andere Arbeitspakete oder hatte zu weitreichende Folgen, die den Verantwortungsbereich des Verantwortlichen überschritten, wurden Teammeetings einberufen, in denen wir uns mit dem Umgang und der Lösung der Probleme befassten. Außerdem haben wir uns entschieden täglich ein um 17 Uhr ein Teammeeting einzuberufen, wo Tagesergebnisse dokumentiert, Informationen ausgetauscht und To – Do Listen erstellt wurden. Um das Prinzip einer lernenden Organisation zu verfolgen, gab unser Projektleiter dem Arbeitspaketverantwortlichen nur einen Rahmen zur Ausführung seiner Arbeitspakete und erwähnte in dem Zusammenhang wesentliche Kriterien zu dessen Ausführung. Er ließ den Mitarbeitern viele Freiheiten, damit diese an den Arbeitspaketen und auftretenden Problemen wachsen. Der Projektablauf erfolgte gemäß dem Projektstrukturplan, allerdings erwies sich die Personalplanung aufgrund von Krankheiten und Fehler als schlecht, weshalb das Reservepersonal angefordert werden musste. Ebenso fehlerhaft erwies sich das Vermarktungskonzept, was sich auf den Kostenplan niederschlug. Insgesamt wurden 1000,-

Mehrkosten an Personal und weitere 1000,- aufgrund von Korrekturmaßnahmen bei der Vermarktung fällig.

Anschließend wurde reflektiert wie unser Unternehmen BeFit strategisch ausgerichtet ist und inwiefern das Projekt zur der Erreichung der Unternehmensziele beiträgt. Dabei haben wir einen Soll - Ist - Vergleich nach Projektabschluss durchgeführt. Die Soll - Werte sind im Projektauftrag beschrieben, ebenso wie weitere Kriterien anhand derer wir die Projektergebnisse messen und wir dadurch den Projekterfolg beurteilen. Bei Eventende zählten wir 350 Teilnehmer und 200 Mitgliedschaften, wodurch wir einen Marktanteil von 0,067% haben. Damit haben wir das Ziel von 0,05% und 150 Mitgliedschaften überschritten und den ersten Schritt in Richtung Erschließung des badischen Marktes getätigt. Ebenso überschritten haben wir das gewünschte Bekanntheitsziel, denn über das Event wurden drei Zeitungsartikel veröffentlicht und wir hatten 500 Facebooklikes und 200 Follower mehr als gefordert. Die Bewertungen und Art und Weise wie über uns in den Medien geschrieben wird ist überwiegend positiv. Daher haben wir auch das gewünschte Ziel eines guten Images erfüllen können.

Danach erfolgte ein Abschlussgespräch mit den wichtigsten Stakeholdern, um Projektleiter und das Team zu entlasten. Dabei handelt es sich um das Management und die Studioleitung. Es wurden die Ergebnisse dargelegt und Verantwortung abgegeben.

Außerdem wurde das Projekt vom Projektteam beurteilt. Hier hatte jeder die Chance den anderen Mitarbeiter ein Feedback zu geben. Beispielsweise wurde der Projektleiter unter den Gesichtspunkten Kompetenz, Organisation und Umgang mit Mitarbeitern und Methoden beurteilt. Auch eine Projektbewertung unter den Gesichtspunkten Arbeitsklima, Erfolg, Spaß, Nachvollziehbarkeit der Abläufe und Grad der Planabweichung wurde durchgeführt.

Um den Projekterfolg genauer bestimmen zu können, empfehlen wir dem Auftraggeber eine Stichprobenbefragung in der Stadt Mannheim durchzuführen, um das Image und den Bekanntheitsgrad besser beurteilen zu können. Eine Beurteilung des Events aus Teilnehmersicht war nicht Inhalt des Projektes. Allerdings wäre es wichtig für Folgeprojekte, die Eindrücke der Teilnehmer zu erfassen, um so gegebenenfalls Verbesserungsmaßnahmen abzuleiten.

Wesentliche Erfahrungen, die wir während des Projektes sammelten, war vor allem die Erkenntnis wie wichtig die Kommunikation bei der Durchführung von Projekten ist. Durch häufige Meetings und den intensiven Kontakt des Projektleiters mit seinem Team wurde der ständige Austausch von Informationen sichergestellt. Dadurch konnte beispielsweise verhindert werden, dass Arbeiten doppelt ausgeführt werden oder Arbeiten ausgeführt werden, die nicht zielführend sind. Der Projektstrukturplan erwies sich als gute Strukturhilfe und wird in kommenden Projekten erneut verwendet. Die Meilensteinliste und Überwachungsliste haben sich Tools ebenfalls gut geeignet, um den zeitlichen Ablauf und den Fertigstellungsgrad der Arbeitsprojekte zu erfassen und werden auch in folgenden Projekten eingesetzt.

Das Projekt ist mit der Übergabe der Verantwortung des Studios an die Studioleitung offiziell abgeschlossen.

4 Literatur- und Quellenverzeichnis

DIN 69901-5 (2009): Projektmanagement – Projektmanagementsysteme – Teil 5: Begriffe; Hrsg.: Deutsches Institut für Normung e.V.; Auflage: 9; Beuth Verlag GmbH; Berlin

Bea, Franz Xaver / Scheurer, Steffen / Hesselmann, Sabine (2011): Projektmanagement, 2. Auflage, Konstanz

http://wirtschaftslexikon.gabler.de/Definition/projektmanagement-pm.html

    (Definition Projektmanagement)

BEI GRIN MACHT SICH IHR WISSEN BEZAHLT

- Wir veröffentlichen Ihre Hausarbeit,
  Bachelor- und Masterarbeit

- Ihr eigenes eBook und Buch -
  weltweit in allen wichtigen Shops

- Verdienen Sie an jedem Verkauf

Jetzt bei www.GRIN.com hochladen
und kostenlos publizieren